일기 쓰기 감정 사전

구체적인 감정 표현으로 ★ 일기도 술술 ★ 재미도 술술

고래책방

구체적 감정 표현이란?

내가 느끼는 감정을 좀 더 자세하게 쓰는 것을 말해요.

'좋았다'라는 감정 표현 안에는 '행복했다, 즐거웠다, 감격스러웠다, 재미있었다, 웃겼다, 사랑스러웠다' 등의 표현이 숨어 있답니다.

감정 표현을 좀 더 구체적으로 표현해 보세요. 그럼 내 마음을 상대방에게 좀 더 잘 전달할 수 있고 상대방의 마음도 더 잘 알 수 있답니다.

비유적 표현이란?

감정을 구체적으로 표현할 때 가장 많이 쓰는 표현이 비유적 표현입니다.

비유적 표현은 내가 말하고자 하는 것을 다른 것에 빗대어 표현함으로써 듣는 이가 더 잘 이해할 수 있도록 하는 거예요. 혹은 나의 감정을 더 확실하게 표현할 수 있는 방법이기도 합니다.

예를 들면 '기분이 좋았다'라는 표현을 '맨날 받아쓰기 50점 맞다가 100점 맞을 때처럼 기분이 좋았다'라고 표현하는 거죠.

"좋다" 말고 뭐라고 쓰지?

① 신이 나고 즐거웠다.
② 행복이 퐁퐁 넘치고 흐뭇했다.
③ 걱정이 '뿅' 하고 사라지는 기분이다.
④ 낄낄 즐겁고 흐흐흐 행복했다.
⑤ 가슴이 콩콩 뛰고 미소가 사르르 번졌다.

예시1 나는 친구랑 놀 때 좋다.
→ 나는 친구랑 놀 때 걱정이 '뿅' 하고 사라지는 기분이다.

예시2 받아쓰기 100점을 맞아서 좋았다.
→ 받아쓰기 100점을 맞아서 행복이 퐁퐁 넘치고 흐뭇했다.

연습 나는 친구랑 놀 때 좋다.

→ _____

_____

"재미있다" 말고 뭐라고 쓰지?

① 마음이 웃음으로 가득한 기분이었다.
② 가만히 있어도 콧노래가 흥얼흥얼 나왔다.
③ 어깨가 들썩들썩 엉덩이가 씰룩쌜룩 춤췄다.
④ 마음속에 행복이 가득 차서 자꾸만 웃음이 새어 나왔다.
⑤ 유쾌함과 행복함이 넘쳐흘렀다.

예시1 나는 게임이 재미있다.
→ 나는 게임만 생각하면 마음속에 행복이 가득 차서 자꾸만 웃음이 새어 나온다.

예시2 놀이동산은 언제 가도 진짜 재미있다.
→ 놀이동산은 언제 가도 어깨가 들썩들썩 엉덩이가 씰룩쌜룩 춤춘다.

연습 나는 게임이 재미있다.

→ _____

_____

"신난다" 말고 뭐라고 쓰지?

① 설레고 가슴이 콩닥콩닥 뛰는 기분이었다.
② 자꾸만 입이 씨익씨익 미소를 지었다.
③ 온몸이 둠칫둠칫 리듬에 맞춰 흔들어졌다.
④ 마음속에 즐거움과 벅참이 가득 차고도 넘쳤다.
⑤ 통쾌함이 머리부터 발끝까지 차올랐다.

예시1 내일 내 생일파티를 한다고 하니 신이 났다.
→ 내일 내 생일파티를 한다고 하니 설레고 가슴이 콩닥콩닥 뛰는 기분이었다.

예시2 엄마가 내일은 하루 종일 자유시간이라고 해서 신이 났다.
→ 엄마가 내일은 하루 종일 자유시간이라고 해서 온몸이 둠칫둠칫 리듬에 맞춰 흔들어졌다.

연습 엄마가 내일은 하루 종일 자유시간이라고 해서 신이 났다.

→ _____

_____

"행복하다"  말고 뭐라고 쓰지?

① 기쁜 마음이 가슴을 벌렁벌렁 뛰게 했다.
② 즐거움과 신남이 마음속에서 넘쳐 흘렀다.
③ 이 시간이 멈췄으면… 하는 생각이 드는 기분이었다.
④ 히히 미소가 백만 개 지어졌다.
⑤ 내 마음에 하트가 가득 찬 것처럼 흐뭇했다.

예시1 기대도 하지 않았는데 상을 받는다고 해서 행복했다.
→ 기대도 하지 않았는데 상을 받는다고 해서 흐뭇 미소가 백만 개 지어졌다.

예시2 드디어 내일 기다리던 택배가 도착한다고 해서 행복했다.
→ 드디어 내일 기다리던 택배가 도착한다고 해서 기쁜 마음이 가슴을 벌렁벌렁 뛰게 했다.

연습 드디어 내일 기다리던 택배가 도착한다고 해서 행복했다.

→ _____

_____

"싫다" 말고 뭐라고 쓰지?

① 한숨이 푹푹 나오고 어깨가 추욱 처졌다.
② 화가 나서 얼굴이 터질 듯하고 속상했다.
③ 멀리멀리 우주까지 던져버리고 싶은 마음이었다.
④ 도망가서 숨고 싶은 마음이었다.
⑤ 머리에서 화산이 폭발하는 것 같았다.

예시1 나는 토마토가 싫었다.
→ 나는 토마토가 싫어서 멀리멀리 우주까지 던져버리고 싶었다.

예시2 숙제는 정말 싫다.
→ 숙제할 생각을 하니 정말 한숨이 푹푹 나오고 어깨가 추욱 처진다.

연습 숙제는 정말 싫다.

→ _____

_____

"재미없다" 말고 뭐라고 쓰지?

① 입이 오리처럼 삐쭉삐쭉 나오는 기분이었다.
② 마음을 꾸깃꾸깃 접고 싶은 느낌이었다.
③ 가슴이 답답하고 불만이 턱까지 차올랐다.
④ 빨리 이 시간이 끝났으면 했다.
⑤ 황당하고 허탈해서 어이가 없었다.

예시1 그 영화는 정말 재미없었다.
→ 그 영화는 정말 재미없어서 황당하고 허탈하고 어이가 없었다.

예시2 어려운 게임은 재미가 없다.
→ 어려운 게임은 가슴이 답답하고 불만이 턱까지 차오르게 한다.

연습 어려운 게임은 재미가 없다.

→ _____

_____

"슬프다" 말고 뭐라고 쓰지?

① 온몸이 바들바들 떨리고 속상했다.
② 눈물이 가을비처럼 후두둑 떨어지고 쓸쓸했다.
③ 가슴이 눈물로 가득 찬 기분이었다.
④ 풍선에 바람이 빠진 것처럼 내 마음이 작아져 버렸다.
⑤ 내 얼굴에 먹구름이 낀 것같이 괴로웠다.

예시1 받아쓰기 시험을 빵점을 맞아서 너무 슬펐다.
→ 받아쓰기 시험을 빵점을 맞아서 온몸이 바들바들 떨리고 속상했다.

예시2 친한 친구가 전학을 가서 슬펐다.
→ 친한 친구가 전학을 가서 눈물이 가을비처럼 후두둑 떨어지고 쓸쓸했다.

연습 친한 친구가 전학을 가서 슬펐다.
→ _____
_____

"짜증난다" 말고 뭐라고 쓰지?

① 콧구멍에서 뜨거운 불이 훅훅훅 나왔다.
② 화가 나서 바닥을 발로 쾅쾅 구르고 싶었다.
③ 가슴이 불로 가득 차고 억울함에 눈물이 날 것 같았다.
④ 내 마음속 웃음들이 짐을 싸서 나간 기분이었다.
⑤ 한숨이 푹푹 나와 땅이 꺼질 뻔했다.

예시1 맨날 약 올리던 친구 때문에 벌을 받아서 짜증이 났다.
→ 맨날 약 올리던 친구 때문에 벌을 받아서 가슴이 불로 가득 차고 억울함에 눈물이 날 것 같았다.

예시2 내가 숙제한 것을 쓰레기인 줄 알고 형이 분리수거통에 버려서 짜증이 났다.
→ 내가 숙제한 것을 쓰레기인 줄 알고 형이 분리수거통에 버려서 한숨이 푹푹 나와 땅이 꺼질 뻔했다.

연습 맨날 약 올리던 친구 때문에 벌을 받아서 짜증이 났다.

→ _____
_____

"맛있다" 말고 뭐라고 쓰지?

① 룰루랄라 콧노래가 나오는 맛이었다.
② 나도 모르게 엄지척을 하게 되는 맛이었다.
③ 내 입안에서 기쁨 축제가 벌어지는 맛이었다.
④ 매일매일 먹어도 질리지 않을 맛이었다.
⑤ 어깨춤이 으쓱으쓱 엉덩이는 씰룩쌜룩
⑥ 온몸에 행복 전구가 하나둘 켜지는 느낌이었다.
⑦ 입안이 놀이공원이 되는 느낌이었다.
⑧ 입안에서 댄스파티가 시작되었다.
⑨ 입안에서 음식들이 회오리바람이 된 것 같았다.
⑩ 기쁨 맛, 행복 맛, 유쾌 맛, 신남 맛, 감격 맛, 뭉클 맛, 씩씩 맛, 용기 맛, 의리 맛, 깔깔 맛, 감사 맛이 느껴졌다.

예시 엄마의 김치찌개는 맛있었다.
→ 엄마의 김치찌개는 나도 모르게 엄지척을 하게 되는 맛이었다.

연습 치킨은 맛있었다.
→ _____

"맛없다" 말고 뭐라고 쓰지?

① 우웩 소리가 자동으로 나오는 맛이었다.
② 젓가락이 자꾸만 피하는 맛이었다.
③ 내 입안에서 슬픈 일이 벌어지는 맛이었다.
④ 도대체 무얼 넣은 걸까? 궁금해지는 맛이었다.
⑤ 생각한 맛과 너무나 거리가 먼 맛이었다.
⑥ 입안에서 음식들이 싸움을 하는 것 같았다.
⑦ 뱃속에서 위가 화를 내는 맛이었다.
⑧ 이 맛도 저 맛도 그 맛도 아니었다.
⑨ 슬픔의 눈물을 흘리게 하는 맛이었다.
⑩ 실망 맛, 고통 맛, 괴로운 맛, 안타까운 맛, 안쓰러운 맛, 이별 맛, 황당 맛, 힘 빠지는 맛이 느껴졌다.

예시 스파게티는 정말 맛이 없었다.
→ 스파게티는 슬픔의 눈물을 흘리게 하는 맛이었다.

연습 부침개는 정말 맛이 없었다.
→ _____

−해오름유치원 강승규

2월 9일 월요일
생생날씨: 구름이 흐리눈리
나만의제목: 줄넘기만 승규

　어제만해도　줄넘
기를 1개도　못했
다. 그래서　집중모
드로 연습했다. 그
리고 오늘 50개를
넘었다 통쾌함이
나 발끝부터 머리
끝까지 차올랐다

–한백초등학교 송지우

2020년 2월 28일 금요일

생생 날씨: 빗방울이 쏴쏴 나무가 쭈~욱

나만의 제목: 나는 1학년 2반

드디어 오늘 반 배정이 나왔다.
반 배정이 나오기 전에는 서현이와 같은 반이 되고
싶어서 마음이 조마조마 했다.
그런데 정말로 서현이와 같은 반이 되었다.
그래서 나는 정말 기쁘고 행복했다.
빨리 입학을 해서 학교생활을 하고싶다.

－솔빛초등학교 송시혁

20미 년 8 월 13 일 화 요일

생생 날씨: 햇볕이 꾹꾹찌는 날

나만의 제목: 건강주사

가을바람이 발목을 휘감는 가을 날 엄마와 함께 연세이비인후과로 갔다. 왜냐하면 독감주를 맞아야 되기 때문이다. 병원에 가는 발 걸음이 피아노를 들고 가는 것 처럼 무거웠다. 드디어 내 차례가 되고 나는 바들바들 떨며 독감 주사를 맞았다. 아마도 내가 독감주사를 맞아서 독감도 걸리지 않고 건강해질 거라고 믿는다.

—다원초등학교 이서현

생생 날씨: 김밥 싸서 소풍가고 싶은 날
나만의 제목: 연필아 수고했어!

배가 고파 꼬르륵 거리는 저녁에 받아쓰기를 보았다. 갑자기 일기논술 시간에 책은 안 읽고 받아쓰기 시험을 본다고 해서 황당하고 놀랐다.
그래서 가슴이 얼어버리는 것 같았다.
떨리는 받아쓰기 시험이 시작되고 내 연필은 사각사각 달리기를 했다.
시험을 다 보고 나니 후련하고 뿌듯했다.
오늘은 98점 맞았지만 다음에는 만점을 받을수 있도록 꼼꼼하게 봐야겠다.

-종덕초등학교 **지수빈**

생생 날씨: 가을 바람이 변덕쟁이가 된날.

나만의 제목: 두근반 세근반

해가 열심히 일 하려고 준비 할때쯤 나는 놀라고 다급해서 어쩔쭐 몰랐다. 왜냐하면 늦잠을 잤기 때문이다. 어제 좀 늦게 자기도 했고, 알람소리를 못들었다. 그래서 가슴이 두근반 세근반 뛰었다. 마치 풍선을 아주 크게 불었는데 터지기 전처럼 떨렸다. 땡이 보다 빠르게 학교를 갈 준비를 했다. 다행이 나의 튼튼하고 빠른 두다레 덕분에 4분을 남기고 학교에 도착했다. 내일부터는 부지런한 사람이 되야겠다오. "튼튼하고 빠른 내 다리야. 오늘 고마웠어~"

—청목초등학교 **김건호**

2019년 1월 21일 월요일

생생 날씨: 아침에는 바람이 솔솔 점심에는 해님이 쨍쨍

나만의 제목: 또 잡고 싶은 너~

아침 햇살이 쨍쨍 할때쯤 카림 지하 상가 볼링장으로 갔다. 왜냐하면 볼링강습을 받기 위해서 이다. 오늘이 처음이라 발걸음이 신이 나고 가슴이 두근두근 거렸다.
볼링장 안으로 들어가니 왠지 모르게 행복했다.
볼링 강습을 받기위해 나와 두명의 친구들은 기초 자세 부터 배우며 공을 굴려 보았다.
볼링공이 볼링 핀을 쓰러트려쓸때 기분이 통쾌했다.
나는 처음에는 일곱개를 넘어트리고 두번째로 세개를 넘어트려서 깔끔하게 레일을 정리 했다.
또하고 또하고 계속하고 싶은 생각이 들었다.
벌써부터 수요일이 기대된다.

―수원선일초등학교 **이나현**

2019년 10월 17일 목요일

생생 날씨: 햇살은 쨍쨍 바람은 소곤 소곤

나만의 제목: 사르륵 녹아버리네!

해님이 쨍글 쨍글 방글 방글 웃으며 놀고 있을 때 쯤 슈퍼 앞에서 논술 선생님을 만났다. 왜냐하면 문구점을 가기로 했기 때문이다. 선생님께서 특별히 선물을 사주신다고 했다. 그런데 문구점 가는 길이 가도 가도 끝이 없고 내 발가락이 부러 지는 것 같았다. 그래서 내 마음속에서 짐승이 올라왔다. 문구점을 도착하자 내 심술 났던 기분이 사르륵 녹는 듯 했다. 나는 귀여운 댕근 볼펜 지우개 세트를 샀다. 돌아오는 길은 매우 신이나 있고 내 얼굴은 싱글 벙글 웃고 있었다. 역시 선물은 심술을 사르륵 녹게 해주는 것 같다.

–곡정초등학교 이지율

2019년 5월 10일 금요일
생생 날씨: 바람이 쥐구멍으로 헬 숨은 날
나만의 제목: 고맙습니다, 선생님!

해가 힘자랑 하던 오후, 술술일기 논술 시간에 달콤한 방귀를 뿌웅 뀐 것 같이 행복했다. 왜냐하면 논술 선생님께서 'magic butterfly'라는 장난감을 주셨기 때문이다. 이 매직 버터플라이라는 장난감은 기대도 주고, 놀라움도 주고, 신기함도 주는 장난감 나비였다. 날개에 고무줄이 있는데 그 고무줄을 45번 돌리고, 책 사이에 끼운 다음 책을 펼치면 나비가 마치 살아 있는 것처럼 팔랑팔랑 펄럭펄럭 파르르르르 꼭꼭 날아간다. 날아가는 나비를 보고 있자니 내 마음에 하트가 가득 찬 것처럼 흐뭇했다.
  "고맙습니다, 선생님!"

-수원선일초등학교 이성민

날씨: 내 얼굴이 호빵 되는 날
제목: 심장이 쫄것쫄것했던 날

1교시 쉬는 시간에 심장 쫄깃 사건이 벌어졌다. 화요일 날 현장학습을 갔을 때 썼던 워크북이 가방에 없었기 때문이다. 가슴이 쿵쿵 뛰고 창피했다. 결국 나는 선생님의 허락을 받고 곧장 워크북을 가지러 집으로 향했다. 발걸음이 지구를 든 것만큼 무거웠다. 또 엄마한테 혼날 생각을 하니 불안하고 무서웠다. 하지만 집에 도착하니 아무도 없어서 한 시름 놓았다. 완벽한 범죄라고 생각이 들어서 낄낄 웃음이 나왔다. 학교로 돌아가는 길은 게임에서 1등을 할 때 만큼 통쾌했다. 앞으로는 준비물을 미리미리 챙겨서 손발이 고생하는 일을 만들지 말아야겠다.

-다원초등학교 **오윤서**

2018년 10월 1일 월요일
날씨: 가을바람이 솔솔살살 시원한날
제목:

〈 두근두근 콩콩 〉

오윤서

가슴이 콩닥 두근두근
조심스레 송편을 먹는다.

냠냠 한입 먹으니 얼굴이 찡글
뭐야 내가 싫어하는 밤콩이 잖아.

냠냠 또 한입 먹으니 얼굴이 방긋
앗싸 내가 좋아하는 달콤한 깨 다!

–한마음초등학교 최가을

4월 17일 수요일
날씨: 해님에게 흥흥양 불만을 가지고 미쳐한 날
제목: 달죽
　　　　　　　　　최가을

　　죽죽 달죽
　일주일 동안 먹었네

첫째날, 맛있다.
둘째날, 심심하다.
셋째날, 싫다.
넷째 날, 지겹다
다섯째날, 싫다.
여섯째 날, 배가 안고프다.
일곱째날, 야호영 드디어 끝났다.

텅빈 냄비를 보니
행복한 미소가 절로 나왔네

―솔빛초등학교 **박상우**

나만의 제목: 라면이 불 거야

지은이: 박상우

우리 집에 놀러 와
라면 먹고 싶을 땐 아무때라도 좋아

내 얼굴보다 더 큰
접시에 담아줄게, 기대해도 좋아

매콤한 라면, 짭쪼름한 라면
구수한 라면, 보글보글 아뜨뜨

계란도 품고 있을거야

친구들아 우리집이
어디인지 알지?

-경기도 화성시 반송동 라면냄새 나는 곳-

―솔빛초등학교 박준오

2019년 8월 29일 토 요일
생생 날씨: 하늘이 울저서 출렁하는 날
나만의 제목: 〈롤케익 실종 사건〉

지은이 박준오

미로모양 롤케익
포~ 크로 적어서
풀신 푹신 써입으로
몰래몰래 들어간다
미로 모양 롤케익
순식간에 실종됐다

–태안초등학교 **이지윤**

2019년 12월 28일 토요일
생생 날씨: 해님이 싱글벙글 웃고있는날
나만의 제목: 기쁨맛 갈비

어둑어둑 하늘에 검은커튼 쳐질때쯤 저녁밥
먹었다. 저녁밥에는 언제먹어도 맛있는
갈비가 나왔다. 쭘쭘 쩝쩝 한입먹으니
간장맛이 났고 오물오물 우물우물 또한입먹으니
기쁨맛이났다. 입안에서 갈비가 사르르
아이스크림처럼 녹아내리는것 같았다. 그래서
행복하고 흐뭇했다.

-다원초등학교 김수연

12월 16일 월요일
날씨: 해님이 방긋방긋 바람이 휘휘
제목: 호호 매워 아매워 맵뚜껑

깜깜한 놀이터에서 달님 혼자 그네 타고 있을 때쯤 라면을 먹었다. 라면 이름은 왕뚜껑이었는데 정말 매웁다. 아마도 이름을 맵뚜껑으로 바꾸어야 할 것만 같았다. 꼬부랑 꼬부랑 면들이 입 속에서 줄넘기를 100개 했다. 그래서 내 기분이 나를 보자마자 꼬리 흔들며 달려오는 강아지를 끌어안는 마음처럼 기쁘고, 즐거웠다. 내가 지어본 왕뚜껑의 별명은 '호호 매워 아매워 맵뚜껑' 이다.

—솔빛초등학교 권서우

2019 년 11 월 5 일 화요일

생생 날씨: 햇님이 나뭇잎을 변신 시킨 날

나만의 제목: 쫄깃쫄깃 팡팡!!! ✳ ✳ ✳ ☆

오후 햇살이 구름이랑 놀고 있을때 쫌 꽈배기를 먹어 보았다. 냠냠 꽈배기를 먹어 보았는데 내 입안에서 설탕이 팡팡 터졌다. 쫄깃쫄깃 빵들은 나를 놀라게 해 주었다. 그래서 나의 포크가 허겁지겁 바쁘게 일하는 것 같았다. 꽈배기를 먹고나니 위가 더줘 더줘 송을 부르는 것 같이 느껴졌다. 이 꽈배기의 별명은 「쫄깃 쫄깃 팡 팡」이다. 누가 만들었는지는 모르지만 만든 사람에게 감사를 해야 겟다는 생각이 들었다.

아이들의 일기

-초림초등학교 김범기

2010년 2월 13일 수요일
생생 날씨: 해님이 빠끔빠꼼 미세먼지 가슬쩍 슬쩍
나만의 제목: 고소달

꼬르르 꼬르르 뱃속에서 전쟁이 날때쯤 과자 봉지를 뜯었다. 보름달 처럼 생긴 과자였는데 얇아서 입으로 넣으니 사사삭 부서져 버렸다.
와그작 콱콱 먹으니 짭쪼름하고 고소고소하고 새콤한 맛이 났다.
아각아각 또한 입 먹으니 재미맛이 났다.
그래서 내가 지은 별명은 「고소달」이다.
배고플때 과자를 먹으니 뱃속 전쟁도 끝나고 힘도 났다.

–솔빛초등학교 **우나연**

2019년 11월 12일 화요일

생생 날씨: 바람이 너무 대워 터덕터덕 집으로 간날

나만의 제목: 용기밥은용감한맛, 이하밥은 달콤한 맛

배에서 페트병 구겨지는 소리가 날때 쯤
점심시간이 되었다. 오늘의 메뉴는
1번 담백한 흰 밥.
2번 얼큰, 따끔 국
3번 아삭아삭 배추김치
4번 살살 사륵사륵 녹는 고로케
5번 네모네모 생선조림
6번 새콤 달콤 파인애플 였다.
그중 가장 산뜻하고 먹고 싶었던 음식은
쌀밥이다. 왜냐하면 고소했기 때문이다.
내가 만든 쌀밥의 별명은 고소미 이다.
왜냐 고소하기 때문이다. 내가 만약 요리사 라면
쌀밥에 힘이 되는 용기와 달콤한 이하를 넣어 우리 반
친구들에게 줄 것이다. ♡♡

– 다원초등학교 이서준

2019년 11월 11일 월요일
생생 날씨: 으스스스 도깨비바람 부는 날.
나만의 제목: 얼큰 따끈 지렁이

학교가 끝나고 숙제를 하기 전에 진라면을
먹었다. 나는 라면 면발 모양을 보고
꼬불꼬불 지렁이가 생각났다.
하지만 이 지렁이는 꿀맛이었다.
후루룩 쩝쩝 먹어보니 지렁이들은 내 입 안에서
런닝머신을 뛰기 시작했다.
얼큰한 맛에 졸음이 후다닥 도망갔고
따끈한 국물에 몸이 확 풀리며 후련하고
개운해졌다.
그래서 내가 지어본 라면의 별명은
〈얼큰 따끈 지렁이〉이다.

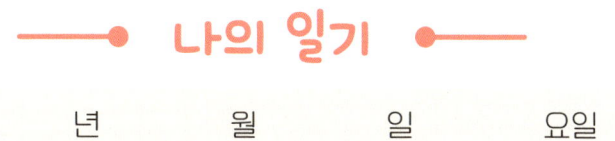

나의 일기

년   월   일   요일

생생 날씨:

나만의 제목:

★<일기 쓰기 재미 사전>을 잘 활용하여 일기를 써보세요!
다 쓴 일기를 잘 보이게 찍어서 cocoling@hanmail.net 메일로 보내면 추첨을 통해 선물을 보내드립니다.

나의 일기

| 년 | 월 | 일 | 요일 |

생생 날씨:

나만의 제목:

★ <일기 쓰기 재미 사전>을 잘 활용하여 일기를 써보세요!
다 쓴 일기를 잘 보이게 찍어서 cocoling@hanmail.net 메일로 보내면 추첨을 통해 선물을 보내드립니다.

―솔빛초등학교 송시훈

2018 년 10 월 16 일 화 요일

생생 날씨: 스륵스륵 바람이 놀자고 해서 숙제 못 쓴 날

나만의 제목: 참 고맙다.

해가 일어나서 아침운동을 할 때쯤 학교를 갔다. 그런데 바람이 으스스 귀신처럼 불어서 점퍼를 꽉 잡았다. 그리고 마음이 텅 비어있는 것 같았다. 수업이 끝나고 집에 돌아올때는 귀신바람은 온데간데 없어지고 솔솔살살 가을바람이 불었다. 가을바람이 부니 나뭇잎과 식물들이 행복해 보였고 내 마음에 훈훈함이 가득찬 것 같았다.

그래서 내가 지어본 날씨의 별명은 「훈훈 바람」이다. 추웠다가 더웠다가 변덕이 심한 바람이지만 나는 가을 바람이 참 고맙다.

-수원선일초등학교 **이나연**

2018년 9월 13일 목요일
날씨: 벼들이 댄서처럼 싱싱생생 춤을춘 날
시의 제목: 〈 가을 햇살 〉

지은이: 이나연

찡글찡글 쨍글쨍글
반가운 존재.

숨어있는 꽃들이
인사를 한다.

따끈따끈 후끈후끈
고마운 존재.

벼들이 악어서
인사를 한다.

-솔빛초등학교 이진욱

2014 년 8 월 24일 토 요일

생생 날씨: 하늘님이 구름한테 물주는날

나만의 제목: 〈하늘의 전쟁〉

지은이: 이진욱

훌쩍훌쩍 해님이
크르르릉 구름이
으하하하 하늘이
뒤죽박죽 싸우는날

방긋웃는 해님이
우르르릉 구름이
오예~오예 하늘이
전쟁이 끝나는날

—초림초등학교 **김재희**

2018년 7월 11일 수요일
날씨: 에어컨을 꼭 켜놓고 싶은 날
의 제목: 〈더운 여름날〉

지은이 : 김재희

해님이 헛둘헛둘 달리기 하면
벌컥벌컥 얼음 물이 생각이난다

땀방울이 뚜르륵 미끄럼 타면
할짝할짝 아이스크림이 생각이난다

바람이 콜콜콜 낮 잠을 자면
강풍쌩쌩 선풍기가 생각이 난다

구름이 살금 꼭꼭 숨어버리면
으슬으슬 콜매트가 생각이 난다.

의 약속 내몸이 후끈또끈 익어버리면

풀짝풍덩 수영장이 생각이난다.

―한백초등학교 김광훈

2018년 6월 25일 월요일
생생 날씨: 바람은 나를 모른척하고 쿨쿨 자고 있는 날
나만의 제목: 찌릿찌릿 대마왕

학교 끝나고 집에 오는 길에 아이스크림처럼 녹을 뻔 했다. 왜냐하면 해님이 찌릿찌릿 불타오르는 용암처럼 나를 괴롭혔기 때문이다. 바람은 나를 모른척 하고 쿨쿨 자고 있었다. 내 머리가 폭팔 할것 같이 짜증났다. 그래서 오늘의 날씨 별명은 '찌릿찌릿 대마왕'이다. 내일은 해님이 목성으로 가서 시원하고 선선한 날씨가 오면 좋겠다.

–영동초등학교 **김시원**

2020년 4월 14일 화요일

생생 날씨: 솔솔솔 봄바람이 같이 놀자고 꼬옴을 부르는 날

나만의 제목: 코로나 대탈출

코로나 때문에 집에서 감옥생활을 한지 벌써 두 달이 되어간다.

그런데 어제는 바다처럼 파란 하늘이 용기를 줘서 코로나 파도를 뚫고 아빠와 함께 축구를 하러 나갔다.

축구를 하니 송글송글 땀이 났는데 바람 선풍기가 사사삭 땀을 닦아주었다.

해님은 엄마처럼 이제 그만 집에 들어가라고 나를 쿡쿡 찔렀지만 나무들이 괜찮다고 살살 달래주었다.

아빠와 집에 돌아오면서 코로나가 빨리 지나가면 좋겠다고 생각했다.

그래서 친구들과 신나게 축구도 하고 수민이와 놀이터에서 마음껏 뛰어놀고 싶다.

―솔빛초등학교 이수민

2020년 5월 3일 일요일
생생 날씨: 해님이 따끔따끔 모기같은날
나만의 제목: 날씨가 좋아 행복이 철철철

아침 먹고 내 뱃속이 '소화다 됐어요.' 하고 신호 보낼때쯤 운동장에 나갔다. 해님이 이글이글 불타 오르는날 이었다. 그래서 아빠와의 배인턴 놀이는 땀이 비오는듯 흘러서 힘들었다. 하지만 내가 운동선수가 된 것같이 어깨가 들썩들썩 춤췄다. 다음에는 시원한 옷, 선크림, 모자를 준비해야 겠다.

–수원선일초등학교 **김영륜**

3월 8일 목요일
날씨: 봄비가 으슬으슬 춤추는 날
제목: 신나고 재미있는 봄이 좋다.
아침에 집을 나서는데 조록조록 사락사락 내렸다. 봄비가 내려 오면서 "빨리 빨리 학교 가라~" 라고 말 하는 것 같았다. 봄비가 내리니 힘들었지만 신나고 재미있는 봄이 오는 것 같아서 가슴이 벅찼다.

-서울방이초등학교 **박서연**

3월 7일 (일)
날씨: 살랑 바람에 마음설렌날
제목: 파티준비

해님은 쨍긋쨍긋
참새들과 룰루랄라 출발!

구름은 둥둥 둥둥
흐르는 바람과 "야호"하며 출발

나도나도
콧바람 송송
자전거 페달 굴리며 봄만나러
출발!

노오란 산수유들 우릴 부른다
행복 뿜뿜 봄 파티 준비 스타트!

―솔빛초등학교 **박진우**

나만의 제목: 봄의 어느 날씨

박진우

계절이 바뀌었다 마술사가
겨울에서 봄으로 바꿨나?

포근하다 꼭 우리엄마
품에 안긴 것 같다

나비가 훨훨 날아다닌다
꽃잎이 바람타고 다닌다

따쓰하다 우리집 전기장판 같다
아싸! 이제 전기세 줄잇다

하늘이 맑다 푸른하늘
내마음도 맑아진다

–영동초등학교 안은준

2020년 2월 21일 금요일

날씨: 구름이 어깨동무 하는 날

제목:〈씩씩 구름〉

지은이: 안은준

떴다 떴다
그물 구름
잡혀라 잡혀라

미세먼지 잡혀라
폐가 시원해

그물 구름 씩씩해
유쾌 상쾌해

-해오름유치원 강승규

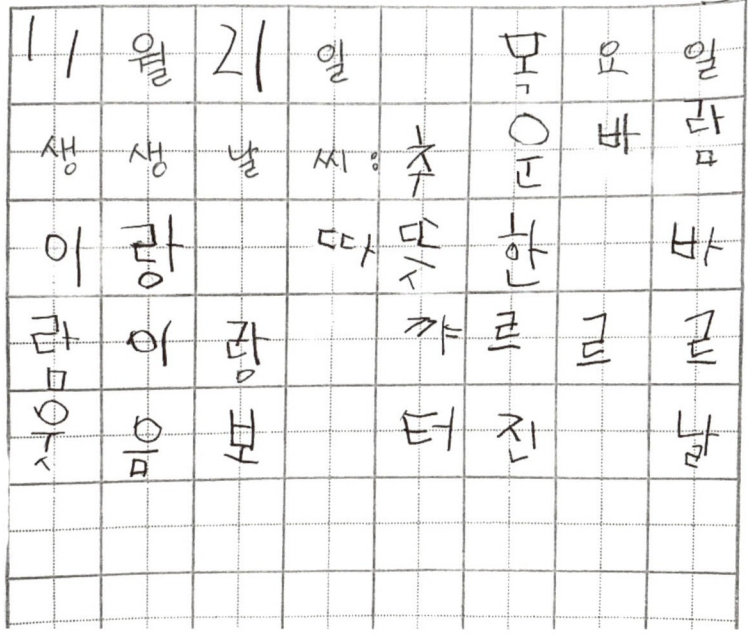

11	월	21	일		목	요	일
생	생	날	씨:	추	운	바	람
이	랑		따	뜻	한		바
람	이	랑		까	프		르
웃	음	보		터	진		날

—방교초등학교 김린하

술술일기논술/술술일기쓰기

1월 31일 금요일

생생날씨: 바람이 휭휭 재채기하는 날

나만의제목: 사르르 나무

바	람		살	랑	이	는	
오	후	에		창	밖	을	보
았	다	.	그	런	데		나	무
가		사	르	르		사	르
춤	을		추	고		있	었	다.
그	래	서		흐	흐	흐		행
복	했	다	.				

- ♡ 별님들이 하늘 놀이터에서 놀 때쯤
- ♡ 어둑어둑 밤하늘에 불빛 쇼 준비하는 작은 별들 분주할 때쯤
- ♡ 아빠 퇴근하는 길 어두울까 봐 가로등이 하나둘 켜질 때쯤
- ♡ 깜깜한 밤하늘에 뽀롱뽀롱 별들이 입장할 때쯤
- ♡ 어둑어둑 하늘에 검은 커튼 쳐질 때쯤
- ♡ 길거리에 검은 카펫 좌라락 깔릴 때쯤
- ♡ 어둑어둑 밤하늘에 슬그머니 달님이 등장할 때쯤
- ♡ 하품이 계속 계속 나오는 밤에
- ♡ 달빛에 나뭇가지들 체조할 때쯤
- ♡ 자장가가 울려 퍼지는 밤에

- ♡ 해님이 어디로 갔나 벌써 갔나 해님 찾고 있을 때쯤
- ♡ 저녁으로 나올 김치볶음밥을 기다리며 설렐 때쯤
- ♡ 저녁 반찬이 무얼까 기대하고 있을 때쯤
- ♡ 놀지도 못했는데 벌써 깜깜한 저녁에
- ♡ 까만 밤하늘에 술렁술렁 구름 댄스 타임 할 때쯤
- ♡ 달님이 헐레벌떡 출근 준비할 때쯤
- ♡ 초저녁 달빛과 어스름 해님이 만날 때쯤
- ♡ 해님이 슬며시 사라질 때쯤
- ♡ 해님이 꾸벅꾸벅 졸다가 퇴근 시간 깜빡할 때쯤
- ♡ 저녁 반찬 만드는 냄새에 뱃속에서 우르르 쾅 콧구멍이 벌렁벌렁할 때쯤

♡ 파아란 하늘이 붉게 물들 때쯤

♡ 장미처럼 빨간 노을이 술렁술렁할 때쯤

♡ 구름 공장에서 붉은 구름 만들 때쯤

♡ 노을이 산등성이 따라 주홍빛 머리띠 두를 때쯤

♡ 학교가 끝나고 후다다닥 집으로 달려갈 때쯤

♡ 해님이 콧노래 부르며 퇴근 준비할 때쯤

♡ 저녁은 아직 멀었는데 입이 심심할 때쯤

♡ 집집마다 하나 둘씩 불빛이 밝아질 때쯤

♡ 해님이 퇴근이라며 순식간에 사라질 때쯤

♡ 해님이 어슬렁어슬렁 노을 쇼 준비할 때쯤

오후

♡ 해님이 정상에 올랐을 때쯤
♡ 해님이 점심시간이라고 소리칠 때쯤
♡ 해님이 운동장 따끈하게 데워줄 때쯤
♡ 운동장에서 아이들이 우글바글 뛰는 오후에
♡ 룰루랄라 하교하는 오후에
♡ 오후 햇살에 나른나른 졸음이 밀려올 때쯤
♡ 오후 간식 타임이 기다려질 때쯤
♡ 바람도 해님도 쉬고 있는 오후에
♡ 하늘이 홍시처럼 주황 색깔 뽐낼 때쯤
♡ 5시밖에 안 됐는데 어둑어둑해서 깜짝 놀랄 때쯤

♡ 아침 햇살에 윙크하며 눈 뜰 때쯤

♡ 든든한 아침밥에 힘이 날 때쯤

♡ 졸린 눈 비비며 아침밥 먹을 때쯤

♡ 점심 반찬이 무엇일까 무척 궁금할 때쯤

♡ 아직 3교시인데 배에서 천둥이 칠 때쯤

♡ 꼬륵꼬륵 꼬꼬륵 위케스트라 연주할 때쯤

♡ 점심 배꼽시계가 따르릉 울릴 때쯤

♡ 해님이 점심 먹을 준비할 때쯤

♡ 급식실 냄새가 코를 춤추게 할 때쯤

♡ 점심시간 기다리며 자꾸만 시계 볼 때쯤

일기 쓰기 첫 시작의 팁

'나는 오늘' 말고 구체적인 '언제' 쓰기

오전

- ♡ 해님이 노래하는 아침에
- ♡ 해님이 둥실 떠오른 아침에
- ♡ 해님이 일어나서 세수할 때쯤
- ♡ 해님이 일어나라고 방긋 웃어 줄 때쯤
- ♡ 해님이 출근해서 열심히 일할 때쯤
- ♡ 해님이 등굣길을 반짝반짝 비춰줄 때쯤
- ♡ 나뭇잎 사이로 햇살이 눈인사할 때쯤
- ♡ 알람시계가 벌써 울리나 하며 부스스 일어날 때쯤
- ♡ 눈 부신 햇살에 저절로 눈이 떠질 때쯤
- ♡ 눈 부신 햇살에 이불 뒤집어쓸 때쯤

11월 12

동물들이 하나둘 겨울잠 자려고 준비하는 날

겨울비에 나무들이 오들오들 떠는 날

구슬구슬 겨울비 추워추워 동동동

나뭇잎들이 도망간다고 푸닥푸닥 대는 날

벌거벗은 나무들이 가여워 보이는 날

아침 점심 저녁 날씨가 변신하는 날

하늘이 슬퍼서 울먹울먹하는 날

콜록콜록 소리에 온 식구 걱정하는 날

손이 시려워 꽁! 발이 시려워 꽁! 노래가 절로 나오는 날

첫 눈송이가 기쁨 선물 해준 날

노을 지는 하늘만 바라봐도 미소가 씨익 지어지는 날

둥실둥실 구름 꽃 방실방실 해님 꽃

햇살 조명 찾아다니며 걸어 다닌 날

파란 하늘에 가슴이 뻥 뚫리는 날

공기 냄새가 시원하고 상쾌한 날

칙칙폭폭 구름이 기차 여행 가는 날

구름이 화가인지 작품을 만드는 날

구름 타고 부릉부릉 놀러 가고 싶은 날

거뭇거뭇 구름에 후다닥 집으로 들어온 날

구름이 지각했는지 쌩~하고 달려가는 날

부지런한 가을바람이 낙엽 쓸어 주는 날

겨울바람에 나무들이 달달 덜덜 떠는 날

가을바람이 겨울 온다고 소리치는 날

가을바람에 에취에취 덜덜 떠는 날

가을바람에 입술이 까칠까칠해지는 날

가을바람 무서워서 겨울 점퍼 꺼내입은 날

겨울바람에 목도리 휙휙 입 코 가린 날

겨울바람이 내 손 내 코 얼얼하게 만드는 날

겨울바람에 나도 모르게 동동춤 추는 날

독감 주사 맞으라고 바람이 소리치는 날

가을 햇살에 사과들이 윙크하는 날

가을 햇살이 따끔따끔 고슴도치 같은 날

구름이 졸다가 햇살이 뜨거워 벌떡 일어난 날

구름이 넘실넘실 파도타기 하는 날

구름 타고 슝슝 여행 가고 싶은 날

붉게 물든 노을 구름에 미소가 절로 나오는 날

가을 해님 겨울 오기 전에 으랴차차 힘쓰는 날

가을 햇살에 벼들이 모두 고개 숙여 인사하는 날

가을비가 촤락촤락 낙엽들이 후득툭툭

뭉게뭉게 말랑구름이 먹구름으로 변신하는 날

가을바람에 머리카락이 춤을 추는 날

바람이 샤랄랄라 춤을 추는 날

바람이 빙그르르 발레 하는 날

바람이 술술 신바람 난 날

바람이 놀자고 해서 숙제 못 한 날

바람이 동네방네 조잘조잘 소문내는 날

가을바람 데리고 소풍 가고 싶은 날

가을바람이 메뚜기랑 데이트하는 날

싸늘한 가을바람이 발목을 휘감는 날

가을바람이 낙엽 데리고 휘리릭 사라지는 날

9월 10

나뭇잎들이 울긋불긋 패션쇼 하는 날

나뭇잎들이 알록달록 옷 갈아입는 날

꽃들이 바람 따라 여행하는 날

나무 공장에서 빨강, 노랑 나뭇잎 만드느라 바쁜 날

벼들이 푹푹 고개 숙이는 날

도토리가 후드드득 다이빙하는 날

잠자리들 신이 나서 까불까불 대는 날

밤송이가 뾰족 대며 고슴도치인 척하는 날

겨울 준비한다고 다람쥐 양 볼이 빵빵한 날

등산하기 딱 좋다며 아빠가 콧노래하는 날

7·8월

땅바닥이 지글지글 달걀후라이 하는 날

문을 열면 찜질방으로 들어가는 날

얼음 침대에 벌러덩 눕고 싶은 날

강아지가 헥헥 강아지 주인은 헉헉

냉면 가게 불이 나는 날

맴맴 매미들이 가요제 하는 날

땀방울이 쭈르르르 미끄럼 타는 날

밤마다 딱딱 아휴~ 짝! 야호~!

엥엥 모기를 잡을 때까지 잠 못 자는 날

내 몸이 찜통의 떡이 되는 날

7·8월

바람이 뜨거운 드라이기 바람 같은 날

바람은 비실비실 모기는 쌩쌩 한 날

바람이 새근새근 꿀잠 자는 날

바람이 쉿쉿 아기 구름 재우는 날

빗방울들이 두두두두 연주하는 날

소나기는 언제 오나 기다려지는 날

우산이 빙글빙글 춤을 추는 날

주룩주룩 내리는 비에 미끄럼틀 샤워하는 날

소낙비가 좌륵좌륵 땅바닥이 치익치익

빗방울은 무지개 만들고 구름은 징검다리 만드는 날

해님도 해님을 피하고 싶은 날

미세먼지가 여름잠 자러 간 날

미세먼지 없어서 마스크장수 방학한 날

미세먼지도 더워서 시원한 곳으로 여행 간 날

해님이 나를 짝사랑해서 나만 따라 다니는 날

해님이 우쒸우쒸 화난 것 같은 날

해님이 발그레 수줍은 색시 같은 날

해님은 아침부터 일하느라 바쁜 날

햇살이 따끔따끔 모기 같은 날

해님이 불타오르는 용암 같은 날

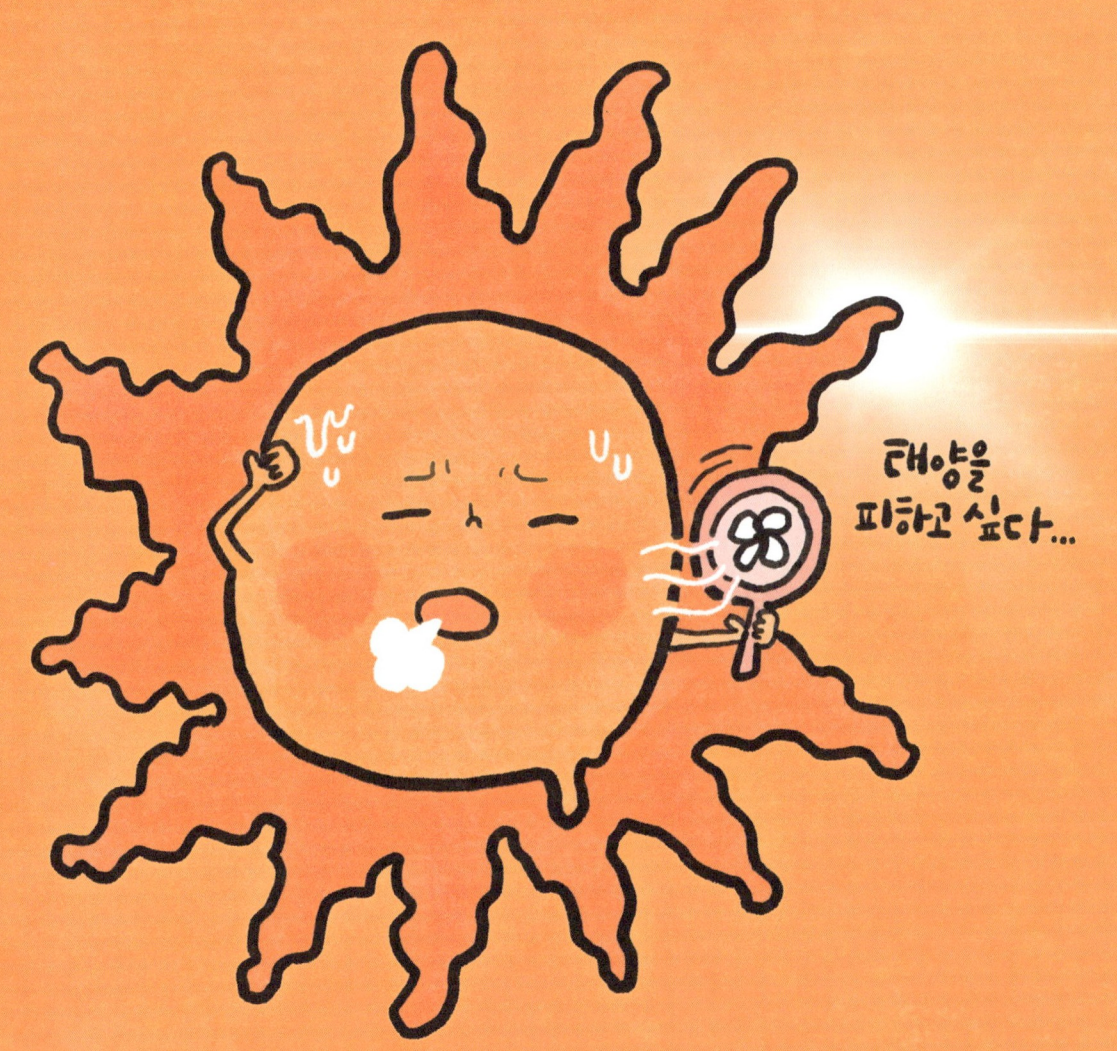

구름 보다가 아이스크림 먹고 싶어진 날

구름도 두둥실 내 마음도 두둥실

구름이 하늘 도화지에 그림 그리는 날

구름이 동동동 잠이 솔솔솔

구름이 다이어트 하는지 자꾸 비 빼는 날

빗방울이 딩동딩동 연주하는 날

빗방울이 두두두두 우산 깨우는 날

빗방울이 촉촉 지렁이 목욕하는 날

투툭투툭 빗소리에 엄마가 부침개 하는 날

여기 팡 저기 팡 우산 불꽃 축제하는 날

5·6월

바람이랑 구름이랑 데이트하는 날

바람이 샤락샤락 꽃잎 날리는 날

바람이 해님한테 졌는지 어디론가 숨은 날

바람이 숨어서 해님 기다리는 날

바람이 에취에취 감기 걸린 날

바람이 쉭쉭 권투하는 날

바람은 온데간데없고 해님만 열심히 잘난 척하는 날

바람이 꾸벅꾸벅 졸고 있는 날

봄바람이랑 여름 바람이랑 슝슝 샤샤 섞인 날

슈르르 바람에 뚜르르 땀방울 떨어진 날

쨍그르르 햇살에 꽃들이 빙그르르 춤추는 날

해님이 꺄르르르 웃음보 터진 날

해님이 발그레 볼그레 웃는 날

해님이 덩실덩실 탈춤 추는 날

해님이 빵빵 찐빵 같은 날

해님이 이글이글 독수리 눈 같은 날

해님이 호이호이 요술 부리는 날

해님이 번쩍번쩍 눈부시게 하는 날

여름 해님인가 하고 의심해본 날

해님이 점퍼를 벗게 하는 날

3·4월

봄비가 쪼르르륵 풀잎 미끄럼 타는 날

봄비가 똑똑똑 노크하는 날

봄비가 토독토독 나뭇잎 안마해주는 날

봄 햇살이 포근히 감싸주는 날

봄 햇살에 꼬물꼬물 아지랑이 춤추는 날

봄 햇살에 싱글싱글 새싹이 웃는 날

봄 햇살에 찡긋찡긋 윙크하는 날

봄바람에 살랑살랑 개나리가 춤추는 날

봄바람이 소곤소곤 귓속말하는 날

봄바람이 알람시계처럼 세상 깨우는 날

3·4월

미세먼지가 해님을 괴롭히는 날

미세먼지가 샤랄라 춤을 추는 날

미세먼지가 하늘에게 화풀이하는 날

미세먼지가 고기 구워 먹는 날

미세먼지가 마스크장수 돈 벌어 주는 날

미세먼지가 콩만큼 싫은 날

미세먼지가 깜깜 먹구름으로 변장한 날

미세먼지가 하루 종일 뿌직거리는 날

미세먼지 때문에 눈물 찡 마음 쩍 괴로운 날

눈치 없는 미세먼지한테 소풍 돌려달라고 하고 싶은 날

꽃들이 사알짝 깨어나는 날

꽃들이 몰래몰래 인사하는 날

꽃들이 여기저기 깨어나는 날

꽃들이 신나게 인사하는 날

해님이 방긋생긋 미소 짓는 날

해님이 쭉쭉 쫙쫙 기지개 켜는 날

해님이 구석구석 꽃들 깨우는 날

해님이 꽃들 깨우느라 바쁜 날

해님이 미세먼지 이기려고 팔 걷어붙인 날

해님이 히히 헤헤 소풍 가는 날

1·2월

손이 시려 호호 발이 시려 동동

포슬포슬 눈 침대 만들어진 날

뽀득 빠득 발 도장 재미 들린 날

기온 뚝 기분 꽝 기운 빵

나무들 바들바들 불쌍한 날

길거리에서 빨리 걷기 대회 하는 날

소리소문없이 봄바람이 놀러 온 날

예고 없던 빗방울에 마음 축축 처진 날

비가 내리니 엄마가 봄이 오나 보다 한 날

눈사람 만들다가 손이 얼어버린 날

1·2월

바람이 휙휙 모자를 뺏어간 날

바람이 슝슝 점퍼로 날아오는 날

바람이 부르르 온 세상 떨게 하는 날

바람이 룰루랄라 신이 난 날

바람이 오락가락 장난꾸러기 같은 날

바람이 뿡뿡뿡뿡 방귀 뀌는 날

겨울바람에 눈코입귀 꽁꽁 얼음 된 날

겨울바람 무서워서 벌벌 떠는 날

쌩쌩 바람에 머리카락 어는 날

휘릭 바람이 내 코 루돌프 코 만든 날

1월 2

해님이 감기 걸려 부르르 떠는 날

해님이 룰루랄라 신이 난 날

해님이 쿨쿨콜콜 늦잠 자는 날

해님이 부릉부릉 시동 거는 날

해님이 빠라빠빠 춤추는 날

해님이 영치기영차 힘내는 날

겨울 해님 꼭꼭 숨어 울상인 날

겨울 해님 열심히 일 안 해서 살찌는 날

해님이 방귀 마려워서 누런 날

겨울바람 사이로 햇빛이 볕 총 쏘는 날

일기 쓰는 방법과 순서

① 먼저 날짜를 쓰고 날씨는 생동감 있게 써보세요.
② 그다음 일기의 글감을 생각해 보세요. 하루 중 가장 기억에 남는 일을 생각해 보는 거예요. 특별하지 않아도 되고 꼭 좋은 일이 아니어도 됩니다.
③ 이제 첫 번째 줄을 써요. '나는', '오늘'을 쓰지 말고 언제 했는지 자세히 쓰세요.
(구체적인 '언제'를 써보세요. 예를 들어 아침에 일어나서, 점심을 먹기 전에, 학교가 끝나고, 학원에 가기 전에, 저녁 시간이 다가오자 등.)
④ 감정은 구체적으로 써보세요. '좋았다', '참 재미있었다' 말고 나의 기분이나 느낌을 더 잘 표현할 수 있는 감정을 찾아보세요.
⑤ 마지막은 앞으로의 계획이나 다짐을 써보세요.
⑥ 소리 내서 읽어본 후 제목을 지어보세요.

일기란?

 오늘 나에게 있었던 일에 내 생각을 더 해서 글로 표현하는 일이에요.
 어느 날이든 오늘 나에게는 많은 일이 있었겠지요?
 그중에서 한 가지를 골라서 쓰되 구체적인 감정 표현과 실감 나는 상황 묘사를 할 수 있도록 노력해 보세요.
 왜냐하면, 시간이 지난 뒤에 봤을 때 그때를 더 잘 기억할 수 있도록 도와주거든요. 앞으로의 계획과 다짐을 써 보는 것도 하루를 돌아보는 데 많은 도움이 됩니다.
 일기 쓰기는 이처럼 나의 하루를 돌아보게 할 뿐만 아니라 더 나은 내일을 만날 수 있게 해준답니다.

추천 글

"한글은 세계 그 어떤 나라의 일상문자에서도 볼 수 없는 가장 과학적인 표기체계이다"
- 라이샤워(미국의 언어학자)

　세종대왕님이 백성들을 사랑하시어 만든 아름다운 한글은 세계인들도 감탄할 만한 과학적인 문자입니다.

　초성(19개) 중성(21개) 종성(27개)을 조합하면 어떤 소리라도 문자로 표현할 수 있는, 이 세상에서 가장 배우기 쉬운 글자입니다.

　이번에 출간되는 〈일기 쓰기 재미 사전〉은 어린이들에게 우리 한글의 아름다움을 마음껏 표현할 수 있도록 날개를 달아주는 멋진 사전이 될 것입니다.

　어릴 때부터 감정 전달을 자유롭게 구사할 수 있는 어린이야말로 성인이 되어서도 자기주장과 표현을 자신 있게 창의적으로 표출할 수 있으리라 생각됩니다.

　요즘 젊은이들은 줄임말을 혼용하는 경우가 종종 있습니다. 어떤 때는 도대체 무슨 말을 하는 건지 당혹스럽기까지 합니다. 아름다운 한글을 바르게 사용하여 한글에 대한 자긍심을 가졌으면 하는 바람입니다.

　책에 실린 어린이들의 실제 일기를 보면 그들의 감정이 송알송알 이슬이 되어 또르르 또르르 일기장에 굴러떨어지는 듯합니다. 자연스런 감정표현을 하다 보면 일기 쓰기도 재미있는 일상이 되지 않을까요?

- 김명선 (동시 작가/ 극단 뿌뺀맘 대표/색동회 동화구연가)

일기 쓰기 재미 사전
- 날씨/감정 편

펴낸날 2020년 6월 23일
7쇄 펴낸날 2024년 4월 26일

글 송현지
그림 현서쓰고그리다
펴낸이 주계수 | **편집책임** 이슬기 | **꾸민이** 이슬기

펴낸곳 고래책빵 | **출판등록** 제 2018-000141 호
주소 서울시 마포구 양화로 7길 47 상훈빌딩 2층
전화 02-6925-0370 | **팩스** 02-6925-0380
홈페이지 www.bobbook.co.kr | **이메일** bobbook@hanmail.net

© 송현지, 2020.
ISBN 979-11-89879-27-3 (73800)

※ 이 책은 저작권법에 따라 보호받는 저작물이므로 무단전재와 복제를 금합니다.

일기 쓰기
날씨 사전

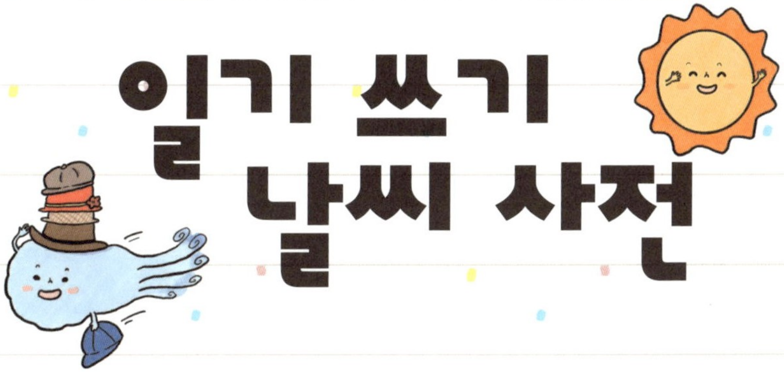

생동감 있는 날씨 표현으로 ★ 일기도 술술 ★ 아이들의 창의력도 술술

고래책빵